DÉNONCIATION

AU

MINISTRE DES FINANCES.

ÍMPRIMERIE DE SELLIGUÉ,
RUE DES JEUNEURS, D. 14.

DÉNONCIATION

AU

MINISTRE DES FINANCES

CONTRE

LES PRÊTRES

QUI REFUSENT DE CHANTER

LE DOMINE SALVUM FAC REGEM.

Par J. M. M. R.

PARIS,

CHEZ JACQUES LEDOYEN, GALERIE D'ORLÉANS,
N° 16;

ET CHEZ MANSUT, RUE DE L'ÉCOLE-DE-MÉDECINE, N. 4.

1830.

DÉNONCIATION

AU

MINISTRE DES FINANCES

CONTRE

DES PRÊTRES QUI REFUSENT DE CHANTER LE DOMINE
SALVUM FAC REGEM.

Monsieur le Ministre,

Depuis le concordat de François Ier, l'Église de France a contracté l'obligation d'adresser à la fin des grand'messes, une invocation à Dieu pour le Roi. Cette invocation est une espèce de profession de foi politique. C'est une preuve qu'elle reconnaît la puissance royale et qu'elle l'honore.

Aujourd'hui des prêtres osent retrancher cette prière de l'office solennel, et ils s'opposent à ce qu'elle soit chantée dans leurs églises. De quel côté qu'on envisage ce refus, on ne peut le considérer que comme une violation du traité conclu entre Rome et la France, et comme un moyen perfide d'attirer sur le prince régnant la désaffection de ses sujets.

Certes, je suis loin de croire que les paroles aient une vertu surnaturelle ; je suis loin de croire que le destin changera ses lois immuables pour quelques mots de latin qu'on lui adresse, et si j'avais à décider entre la vertu de l'opium et la vertu de la prière, mon jugement ne serait pas douteux.

Mais le *Domine Salvum* est une prière de convenance que tout le monde sait, que tout le monde prélude avec plaisir, surtout à présent que la France a un Roi citoyen. Le peuple, en chantant je *Domine Salvum* se rappelle qu'il doit aimer et honorer le prince qui le gouverne. Or, comme il n'y a rien de plus capable de maintenir l'ordre et la paix dans un empire, que l'amour du peuple pour son Roi, je ne vois rien de plus criminel que de chercher à détruire ce qui peut le faire naître.

Convaincu de cette vérité, j'ai l'honneur, Monsieur le Ministre, de mettre sous vos yeux quelques observations qui tendent à prouver que les prêtres qui se refusent de chanter le *Domine Salvum*, se rendent coupables envers la nation, et qu'il serait d'un bon exemple de réprimer cet abus de pouvoir, par une rigoureuse sévérité.

Toutefois la défense est permise à ceux qu'on accuse, les prêtres pourront motiver leurs refus sur certains priviléges que leur donnent les droits du sacerdoce : c'est ce qui m'oblige de remonter à la source, afin de montrer sur quelles bases ces droits sont assis.

Le fondateur du christianisme ne fut pas toujours clair dans ses discours ; ses évangiles rédigés par cinquante-sept auteurs du premier siècle, et revus par plus de vingt mille commentateurs des siècles suivans, sont encore obscurcis dans plus d'un endroit par des équivoques et des jeux de mots où la nature divine se ressent un peu trop de son étrange alliage. Ces anomalies de l'esprit de Dieu ont causé de grands désordres et d'éternelles disputes. Il en est une entr'autres qui a donné à la religion romaine sa force et sa durée, et comme c'est sur elle que reposent les prétentions du prêtre catholique, je dois vous la faire connaître dans toutes ses circonstances.

L'histoire rapporte que Jésus, dans un moment de bonne humeur, ayant voulu embrouiller Pierre Barjône par une métaphore énigmatique, lui dit: « Pierre, tu es pierre, et sur cette pierre, je bâtirai mon Église, et les portes de l'enfer ne prévaudront jamais contre elle. » Barjône n'était pas Dieu comme son maître ; pêcheur de son état, attaché depuis son enfance à ses filets, il aimait mieux les poissons que les énigmes, et le langage d'une fine revandeuse avait plus de charme pour lui que l'éloquente méthaphysique d'un sectateur. Cependant il n'était pas sans moyens ; il improvisait un serment et manquait aussi bien à sa parole que l'ambassadeur Maurice ; et si, comme Hercule, il oublia son devoir auprès d'une femme, il sut racheter sa faiblesse par une action d'éclat qui le fit surnommer Coupeur d'oreilles. Bref, la plaisanterie de Jésus ne fit pas une grande impression sur l'esprit de Pierre, il en rit avec son maître, et l'oublia comme on oublie toutes les fariboles qu'on dit pour rire.

Mais tout ce qui sort de la bouche d'un prophète inspiré de Dieu est religieusement recueilli par les adeptes qui l'écoutent. Le jeu de mots de Jésus ne fut pas plutôt fait qu'il fut simultanément sténographié dans mille têtes fanatiques.

Après la mort de Pierre, l'esprit de prosélytisme fit des progrès immenses, le goût du baptême devint une rage ; l'Europe, l'Afrique et l'Asie étaient remplies de baptisans ou de baptisés ; les hommes d'esprit de ce temps qui, jusques alors avaient vécu saintement dans l'idolâtrie, s'aperçurent de cette épidémie morale. Ils virent qu'il y avait de la gloire et de la fortune à acquérir, de se mettre à la tête de ces peuplades d'hommes fanatisés, et un beau jour ils saluèrent poliment Jupiter et Junon, et vinrent se ranger sous l'étendard de Jésus et de Marie.

O Aristophane ! toi qui fus si susceptible en fait de croyance ! toi qui, par des discours malins,

préparas le poison qui donna la mort au plus hon-
nête citoyen de la Grèce ! qu'aurais-tu fait si tu eus-
ses vu un troupeau de philosophes abandonner si
ouvertement les vieilles divinités du monde ? Ah !
sans doute, les opinions et les cœurs changent et
gravitent autour du néant qui les environnent, et
nous en voyons un exemple dans ceux que nous
appelons nos juges, nos magistrats, nos pairs et
nos députés ; mais avoir de la raison et n'avoir
pas de la conscience, connaître le prix du courage
et de la vertu, et suivre lâchement un fantôme que
la fortune élève ; sauter d'une erreur à l'autre ;
quitter un dieu de pierre pour un dieu de bois,
et couvrir ces turpitudes de l'ambition du man-
teau de la philosopie ou du patriotisme : c'est là
le comble de l'infamie, et voilà pourtant des exem-
ples que la politique et la religion nous donnent
dans tous les âges ! Pardon, Monsieur le Ministre,
je m'emporte, je le sens ; mais convenez qu'il est
bien permis d'avoir un peu d'humeur contre des
scélérats qui se sont joués aussi impudemment de
la confiance et de la crédulité des peuples.

Du reste, les adeptes des premiers siècles du
christianisme n'étaient pas comme les ultras de
nos jours qui méditent le plan d'une révolution
pendant des années entières ; c'étaient des anthou-
siastes audacieux et braves, qui ne craignaient ni
ni Dieu, ni diable, ni lois, ni Roi, et qui, pour

faire prévaloir leur croyance, auraient bouleversé ciel et terre.

C'est parmi eux que se glissèrent ces hommes adroits et malins dont l'esprit ingénieux et souple savait prendre toutes les formes et se plier à tous les caprices de la multitude, afin de la mieux asservir. Ceux-là ne croyaient pas en Dieu, mais ils y faisaient croire; ils ne tiraient pas l'épée, mais la faisaient tirer : enfin, ce n'étaient point eux qui forgeaient le tonnerre, mais ils le faisaient tomber sur les autels et sur les trônes. Nombreux dans les premiers siècles, ils sentirent le besoin de se réunir pour s'entendre, et dans une de leurs assemblées générales, Paul, le plus savant d'entr'eux, leur tint ce discours : « Pères, jusqu'ici nous n'avons été que moralistes et prédicans, l'influence que nous avons sur les masses ignorantes, nous la devons à la supériorité de notre génie, et non à notre doctrine. Il est temps, si nous voulons conserver parmi les nôtres le pouvoir et la puissance de former une religion; car, sans religion, il n'est pas possible de dominer long-temps la multitude. Hâtons-nous de créer des dogmes et des mystères; hâtons-nous d'établir un point d'union, et de fonder sur une croyance un système de politique; sans cela nous verrons le peuple nous échapper et courir de nouveau aux temples de Jupiter et d'Apollon. Quelle honte, mes pères ! quelle réputation ne nous ferions-nous pas parmi la génération des philosophes , si nous manquions une si belle occasion de nous immortaliser.

« Vous le voyez, la route est tracée , et jamais les disciples de pythagore et de Zénon n'eurent d'aussi grands avantages que nous. Les évangiles de notre maître, écrites en paraboles et couvertes d'une salutaire ambiguité , nous donnent droit à l'interprétation ; nous pouvons , sur chaque pé- riode , appliquer l'esprit ou la lettre , et donner au mot le sens qui convient le mieux à nos des- seins ; d'ailleurs nous sommes libres d'ajouter et de retrancher. Ergo , vu la gravité des circonstances , je propose de nous déclarer en permanence , et , séance tenante , d'établir une doctrine qui nous mette à même de lier , de délier , de rompre , d'ajuster , de prendre et de garder , et surtout d'imprimer l'esclavage dans les consciences , et de conserver la liberté pour nous. »

Grégoire l'ergoteur monte à la tribune , et un profond silence s'établit : « Pères , dit l'orateur , j'approuve d'esprit et de cœur tout ce que notre frère Paul vient de dire, et je ne prends la parole que pour donner plus d'expensibilité à la propo- sition qu'il vient de vous faire, et aux grandes questions qu'il a soulevées. » En effet, l'orateur , dans un discours improvisé qui dura trois heures , prouva que Jésus , dans ses prédications , ne s'était occupé que de moraliser, qu'il n'avait créé ni dogmes, ni mystères, ni lois organiques, ni lois particulières ; qu'il n'avait rien fait pour établir et perpétuer l'esclavage politique, que l'anarchie complète qui, depuis sa mort, minait l'empire chrétien provenait de ce que la société n'avait ni unité, ni lien politique : il insista fortement sur le moyen de remédier promptement au mal par une bonne constitution, et il termina ainsi : « Pères, nous nous sommes assemblés pour notre salut, profitons de cette réunion de famille pour assurer notre fortune et notre gloire. Ergo, voilà ce qu'on vous propose, » et soudain il entonna le *credo*. La prière était préparée d'avance et avait été vue par tous les membres, de sorte qu'elle fut reçue à l'unanimité. Cependant Grégoire, profitant des bonnes dispositions du concile, voulut achever son ouvrage ; il prit de nouveau la parole et rappela à l'assemblée que, dans l'état de désordre où se trouvaient les fidèles, elle ne devait pas se séparer sans établir un gouvernement central, dont un seul dirigerait le mouvement ; il fit voir l'avantage qu'il y avait de donner un corps et une âme à l'état qu'on venait de créer ; il s'étendit sur les moyens de faire agir et d'influencer les masses ; enfin, il parla si bien que toute l'assemblée cria, en levant la main : *Bene, bene, bene*. Mais le caustique et cauteleux Zébédée qui avait écouté en silence tout ce qui s'était dit dans l'assemblée, court à la tribune. Cette apparition subite surprend le concile, et comme on craignait une violente opposition de sa part, le centre gauche et le centre se mirent à crier la clôture; l'orateur sourit à ce mot qui décélait la faiblesse et la mauvaise foi de ses collègues, et sans s'épouvanter de leurs cris intempestifs, il leur dit en les regardant avec un sourire sardonique : «Tout b au, mes pères, tout beau; dans une assemblée délibérante, chacun a droit de parler à son tour, et le mien est venu, sans doute, puisque personne ne se présente pour répondre à l'orateur auquel je succède. Cependant rassurez-vous, je ne serai pas long et ne dirai rien de trop; je ne viens point à cette tribune censurer les actes de votre autorité provisoire, je ne veux point parler de cette constitution que vous avez acceptée et qui pourra servir à quelque chose avec un acte additionnel, ni de ce gouvernement et de ce roi que vous allez installer, je veux vous demander seulement : De qui tenez-vous le pouvoir de faire toutes ces choses? » A ces mots, dit l'histoire, les pères se regardent avec étonnement.

On voit un sourire de satisfaction courir sur les lèvres des membres de l'extrême gauche et de l'extrême droite, le centre trépigne d'impatience et ses flancs crient de toute leur force : A la question; mais l'orateur continue sans s'émouvoir : « Vous

allez me dire, je le sens, que vous tenez ce pouvoir
du droit que les génies supérieurs ont de dominer
les esprits faibles : cette réponse est plus spécieuse
que concluante. Sans doute les hommes pris isolé-
ment, sont la plupart ignorans et stupides ; mais
l'esprit qui domine les masses est éclairé et vigilant ;
cet esprit, c'est la voix du peuple, qui, comme
vous savez, est la voix de Dieu ; cette voix peut
vous interpeller et vous dire : Qui êtes-vous, pour
oser nous imposer vos volontés et vos caprices ?
êtes-vous Dieu ? êtes-vous ses prophètes ? montrez
vos œuvres et nous fléchirons le genou ; mais, si
vous n'êtes que des hommes, vous êtes des am-
bitieux et des téméraires que l'orgueil aveugle, et
qui pensez follement que la nature a été assez in-
grate pour nous refuser un instinct appréciateur.
Sans doute l'ignorance obscurcit la raison natu-
relle ; mais elle ne la détruit pas.

« Nous n'avons pas eu besoin de vos conseils et
de vos lumières pour distinguer les faux prophètes de celui que Dieu nous avait envoyé. Si nous
avons suivi Jésus dans le désert, et sur la mon-
tagne, dans les temples et dans les cités, le goût
de la nouveauté, les caprices d'une imagination
vagabonde ne nous ont pas entraînés à le faire.
Nous l'avons suivi, pour écouter le langage de la
vérité et pour nourrir nos cœurs d'une morale
pure et telle qu'il la faut aux hommes. Sachez,

philosophes présomptueux, que quoi que vous puissiez penser sur les masses ignorantes et grossières, quoi que vous puissiez faire pour les asservir, il n'y aura jamais pour elles de puissance légitime que celle qui sera fondée sur la sagesse et la vertu. Pères, si le peuple vous parlait ainsi, vous seriez bien embarrassés pour lui répondre : ne pensez pas pourtant que ces réflexions tendent à vous éloigner de vos projets ; je voudrais seulement vous engager à chercher un moyen légitime pour arriver à une fin morale. Ergo, voici ce que je propose au Concile. 1° Il sera nommé sur le champ une commission permanente pour compulser les évangiles ; 2° ladite commission portera à la connaissance du Concile, les mots et phrases qui pourront avoir un sens favorable au gouvernement qu'il veut former ; 3° le Concile sur le texte le plus formel et le plus clair desdits évangiles, fondera les bases de son code politique. Vous sentez, mes pères, que lorsque vos lois et vos institutions prendront racine dans l'évangile, elles auront une origine céleste, comme celles de Minos et de Numa ; et, loin que le peuple en conteste la légitimité, il versera son sang pour les défendre. »

A peine avait-il fini ce mot qu'une voix de tonnerre se mit à crier Miracle ! miracle ! Les pères, étonnés de ce bourdonnement importun, se lèvent pour imposer silence au criard ; mais on voit paraître à la tribune Simon, tenant l'évangile de St-Mathieu à la main et frédonnant sur l'air de la bonne aventure au gué : *J'ai trouvé la poule d'or, j'ai trouvé la poule.* Les pères, en le voyant tout rayonnant de joie, pensaient qu'il leur allait annoncer une nouvelle incarnation ; point du tout, Simon, sans leur demander s'il peut parler, passe sur cette politesse d'usage et leur dit : « Écoutez ceci, mes pères : Pierre tu es pierre, et sur cette pierre je bâtirai mon Église, et les portes de l'enfer ne prévaudront jamais contre elle.

« Eh ! bien, mes pères, ajoute-t-il, est-ce clair, est-ce concluant ? reconnaissez-vous là la puissance de l'Église, son gouvernement immortel et immuable, son monarque visible, infaillible et absolu ? ah ! permettez-moi le plaisir d'interpréter littéralement et mot à mot devant vous, ces divines paroles, et, sans attendre le signe approbatif des têtes patriarchales, il se met à frédonner : *J'ai trouvé la poule d'or, j'ai trouvé la poule,* et dit : Ergo, voici l'esprit et la lettre tout à la fois; *Pierre :* ce mot veut dire, je te fais mon successeur et l'héritier de ma puissance et de mon génie, je m'identifie en toi et en ceux qui te succéderont, tes volontés seront les miennes, tes œuvres seront mes œuvres, ta cause sera ma cause, tu seras mon Sosie, mon image et mon tout sur la terre. *Et sur cette pierre :* certainement notre maître n'a pas voulu dire que Pierre était une pierre; mais, comme pour être éternel il faut être terriblement dur, voici son entendre dire : du moment que je te colloque ma puissance, je te rends impérissable, je te fais rocher, mais non pas rocher calcaire, non pas rocher de silex, car les hommes te coupraient en pièces pour faire de la chaux ou des pierres à fusil; mais rocher de diamant contre lequel toutes les machines d'Archimède, tous les boulets de canon viendront se briser sans faire brèche ; tu seras un colosse indestructible, un ogre qui avalera toutes les divinités et toutes les croyances; je te plante ainsi au milieu du monde comme le mont Atlas, pour apprendre aux enfans de la terre qu'il fut un Jésus-Christ. *Je bâtirai mon église*, voilà, mes pères, du précis, du clair et du positif. Sur toi, rochers et hommes, tout à la fois j'édifierai les erreurs et les préjugés salutaires de ma croyance, tu seras la boite d'or qui récèlera le secret des dogmes et des mystères ; par toi ils seront conservés, propagés, modifiés, fondus et restaurés selon les circonstances, les tems et les lieux. *Et les portes de l'enfer ne prévaudront jamais contre elle :* ceci, mes pères, n'a pas besoin d'interprétation, vous savez tous, que les philosophes, les incrédules, les professeurs de sciences et arts, sont des portes d'enfer; ces gens-là, nous dit notre maître, attaqueront le ciel, la terre, les causes premières, les élémens, les corps, les âmes et tout ce qui aura la forme d'une pensée ou d'une créature, mais ils ne nous entameront jamais. Le Concile, après avoir entendu Simon, prenant en considération la proposition de Zébédée, vu l'esprit du texte évangélique des paroles de Jésus énoncées à Pierre, vu l'interprétation claire et précise que Simon en a faite devant nous, arrête : Il sera formé dès à présent, et pour la durée des siècles, un gouvernement universel. Ce gouvernement sera reconnu divin, infaillible et impérissable, il sera le type et l'archi-type de toute puissance et de toute légitimité, la boussole de toutes les consciences, le moule de tous les droits, le principe de toutes les grandeurs, le puits de toutes les vérités, l'arbre de toutes les sciences; lui seul imprimera sur le front de l'homme, le caractère de citoyen du ciel; il dépouillera son âme du limon qui l'environne, et la fera nager, claire et transparente comme le cristal dans l'océan de l'éternité. Tout membre titré ou gradé de ce gouvernement, sera maître et despote dans le cercle de sa juridiction, en se conformant aux lois de l'Église; il pourra tancer, molester, contrecarrer le pouvoir séculier, et se révolter contre toute puissance véreuse, pseudonime ou équivoque, que certains hommes élèvent sous le nom d'empire, de royaume ou de république; et tout ce qu'il fera pour ou contre sera réputé bon et valable.

Voilà, Monsieur le Ministre, l'origine de ce gouvernement papal, chef-d'œuvre de combinaison et de politique, où tout s'enchaîne, tout s'unit par une même loi, une même foi et un même sacrifice ; gouvernement dont le but unique est une domination universelle et absolue ; voilà la source où les prêtres vont puiser cet orgueil et cette prétention qui les rendent si audacieux et si téméraires, et qui leur font mettre si souvent leurs opinions et leurs caprices à la place de la raison et de la loi.

Cependant ils n'ignorent pas que ce gouvernement n'a rien de sacré et de légitime, qu'il est comme bien d'autres le fruit de l'ambition et de l'intrigue ; que, né au sein de la Barbarie et du fanatisme, il ne peut soutenir l'examen de la raison, ni l'éclat des lumières du siècle ; ils n'ignorent pas que le rideau est tiré, que l'illusion est détruite, que le règne des préjugés est passé, et que, pour jouir d'un pouvoir établi sur des jeux de mots ou des équivoques, il faut avoir la force ou la vertu pour soi.

Enfin, Monsieur le Ministre, je rentre dans mon sujet :

Que le gouvernement qui nous régit soit légitime ou non, qu'il soit de fait ou de droit, il existe, par conséquent, tout Français doit s'y soumettre. Moi, en mon particulier, je crois que le peuple qui a renversé le gouvernement de Charles X, avait seul le droit d'en créer un nouveau. Mon opinion est, que tout ce que la Chambre des Députés a fait depuis la révolution est illégal, que nous vivons dans le provisoire; mais, comme citoyen, comme partie intégrante du corps populaire, je reconnais le gouvernement de Louis-Philippe, et je suis prêt à le défendre; il n'appartient qu'au peuple de se révolter contre un pouvoir qui existe : les factions populaires, les corps d'états, les ordres, les communautés, les parties mêmes de ce pouvoir qui se révoltent, se rendent coupables envers les lois et envers la nation elle-même, qui tient moins aux hommes qu'à l'ordre et à la paix, d'où elle tire son existence.

Un prêtre surtout manque plus spécialement au devoir de citoyen, lorsqu'il se refuse à reconnaître un pouvoir établi, parce que son exemple entraîne les classes ignorantes et crédules, qui souvent ne se règlent que sur la foi ou la parole de leurs pasteurs.

Voyez l'effet naturel que produit sur toute une population, le refus d'un curé, de faire pour le Roi une prière, qui depuis trois cents ans est en usage dans les églises, et qui fait partie des messes solennelles. On sort du temple d'abord, tout étonné, tout interdit, on se demande, on interprète la cause d'une si étrange suppression, puis on oblige le curé de s'expliquer ; celui-ci, qui n'a personne pour contrôler sa conduite et pour l'obliger de modérer ses discours, ne se fait pas prier pour en développer le motif, et il le fait assez énergiquement et assez clairement pour être compris de ses paroissiens, de sorte que tout le monde sait, par la voix de son curé, que nous n'avons ni roi, ni lois, ni gouvernement; que l'anté-christ règne sur la terre, sous la peau d'un libéral, et que l'ange des ténèbres domine l'esprit de la nation; mais ce n'est pas tout, le curé fait son conte à ses paroissiens, le bedeau, les sacristains, les fabriciens, les dévôts, les dévotes, et tous les esclaves du confessionnal font les leurs, à ceux qui les entourent, et bientôt tous les villages à la ronde sont instruits des sentimens de monsieur le curé, et de son zèle pour la sainte cause. Le trouble, la confusion, les querelles, sont le premier fruit de cette œuvre de révolte; puis arrivent les cris de sédition, les complots, les querelles, les voies de fait qui compromettent souvent des cités entières. Si le magistrat, pour calmer les esprits, exige du curé de chanter le *Domine Salvum*, et qu'il appuie son injonction sur la foi des traités, le curé lui répond qu'il n'a pas d'ordres à prendre de lui, qu'il est maître absolu dans son église, et qu'il ne doit compte qu'au pape de ses actions. Si , au contraire, il est un peu communicatif, il rentrera dans une grande discussion politique , où il se permettra de blâmer tout ce qui s'est passé ou tout ce qui se passe, et puis il ajoutera : Je voudrais bien faire quelque chose pour la paix , car j'aime la paix ; mais les monstres de libéraux sont trop malins; je crains de leur part un bien entendu comme il en est arrivé un aux Cours royales de Paris. Certainement , les restrictions mentales sont bonnes à quelque chose , je peux chanter le *Domine Salvum* avec un sous-entendu , en l'honneur et gloire de notre très-honoré roi Henri V. Mais, un beau dimanche, il m'arrivera par la poste un procureur du roi, qui viendra me voir officier, et, quand j'en serai au *Domine salvum fac Regem*, il criera de toutes ses forces, bien entendu , *Ludovicum Philippum* , et moi je serai pris dans mes propres filets. Monsieur le maire , je veux paraître un bon prêtre , je ne veux pas être surpris par les ennemis de l'autel et du trône , et c'est ce qui m'oblige à me refuser à votre demande ; avec un pareil langage , le curé n'arrangera rien : loin de calmer les esprits, il les irritera , et tout le village restera convaincu que les ennemis de Dieu règnent sur la France.

Monsieur le ministre, au temps où nous sommes, le peuple peut tolérer ou regarder avec indifférence des abus ou des préjugés qui sont encore du goût de certains esprits vulgaires ; mais il ne doit point, souffrir la révolte de ceux qui par état doivent donner l'exemple de l'obéissance, et prêcher aux hommes la concorde et l'union. Les prêtres ne doivent point se plaindre de la part qu'ils ont dans les sociétés politiques ; le gouvernement les payent, les vieilles générations les protègent et les considèrent ; ils disposent de nos enfans pour chanter leurs cantiques, et dire leurs oraisons ; et, tandis que nous sommes obligés de faire la cour à nos femmes, nos femmes vont leur faire la cour ; ils nous baptisent, ils nous marient, ils nous enterrent, ils nous grugent, ils nous trompent, et tout cela sous notre bon plaisir. Ils devraient se contenter de pareils avantages, et chercher à se maintenir dans leurs positions. Point du tout, ils se révoltent, ils aiment mieux être Romains que Français. Ils se refusent de prier pour notre Roi, quand leur lithurgie est pleine de personnages, nuls ou fantastiques, qui ne se sont distingués que par des farces magiques ou des tours de gobelets. Tous les jours ils disent la messe pour quelque plat magicien, ou pour quelque sot charlatan ; et celui qui représente la nation, et sur lequel reposent tous les intérêts du peuple, ne peut obtenir d'eux une légère prière. Si les prêtres veulent suivre une pareille tactique, pour diviser la nation et enlever au monarque l'amour de ses sujets, ils doivent être punis.

Monsieur le Ministre, le despotisme paye les Suisses, l'ignorance paye les prêtres ; mais une nation libre ne paye que les citoyens qui servent sa cause : nous pouvons, sans doute, tolérer les avantages que notre gouvernement constitutionnel a faits aux prêtres, puisqu'il a jugé nécessaire de les faire ; mais nous ne devons pas payer ceux qui se montrent rebelles à la volonté politique, et qui vivent en dehors des lois ; c'est pour cela que je demande à Votre Excellence, que tous les prêtres qui se sont refusés de chanter le *Domine salvum fac Regem*, (bien entendu *Ludovicum Philippum*) soient privés pendant un an de leurs traitemens.

Paris, 15 octobre 1830.

I. J. M. M. R.